Hélène a reçu une magnifique maison de poupée pour son anniversaire, dans laquelle elle adore faire danser ses princesses. Les soirs d'été, alors qu'elle contemple le ciel étoilé, elle rêve de voir virevolter ses danseuses lors d'un bal éclairé.

C'est alors qu'Etienne, voulant faire plaisir à sa petite sœur, vient lui promettre la lumière.

- Grâce à une éolienne, lui dit-il.

- Qu'est-ce que c'est, une éolienne ?

- C'est un moulin à vent qui transforme l'air en électricité.

UNE ÉOLIENNE, C'EST...

une hélice constituée de plusieurs pales pour récupérer l'énergie du vent,

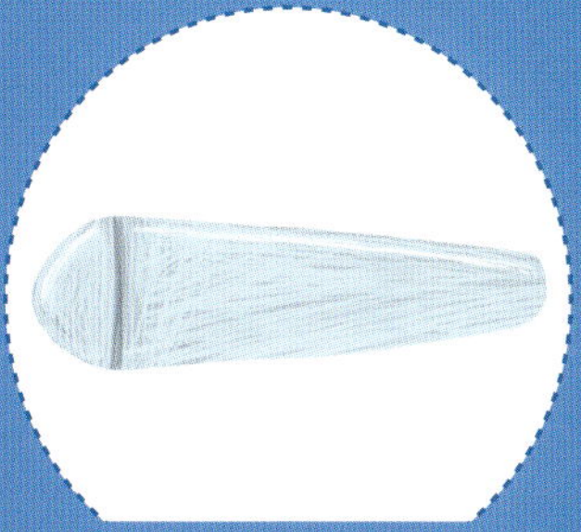

une nacelle avec une génératrice pour transformer l'énergie en électricité (ou un générateur),

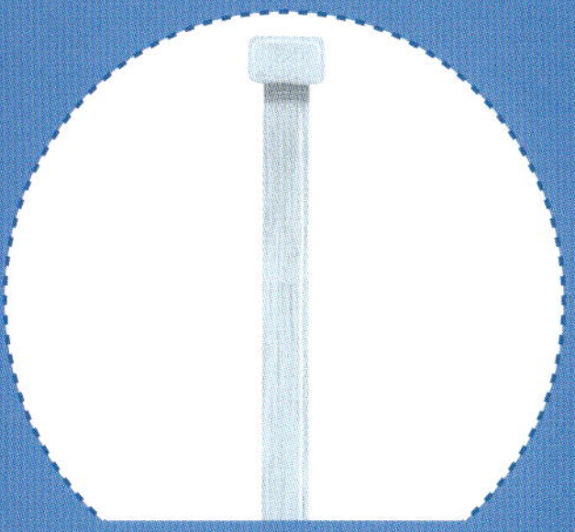

un grand mât pour aller chercher un vent fort et régulier

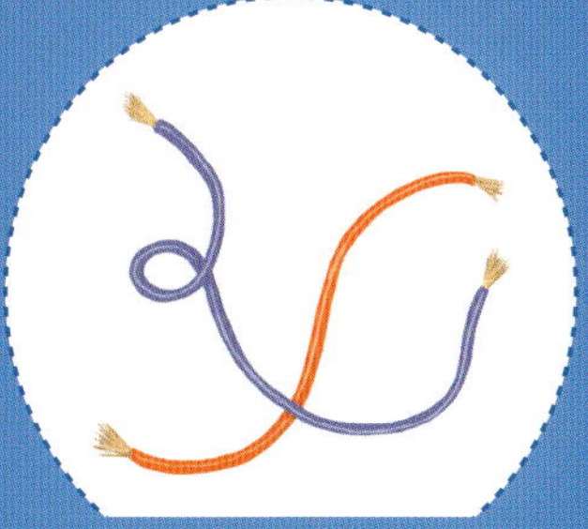

et des fils pour conduire l'électricité.

Dès le lendemain, Etienne se met au travail…

– Pour fabriquer une éolienne, nous avons besoin de matériel : du carton, un petit moteur, des fils, une petite ampoule…

– Tout ça ?… murmure Hélène.

Désespérée, elle retourne jouer avec ses poupées.

ETIENNE RASSEMBLE

du carton, un compas, des ciseaux, de la colle, un bouchon de liège,

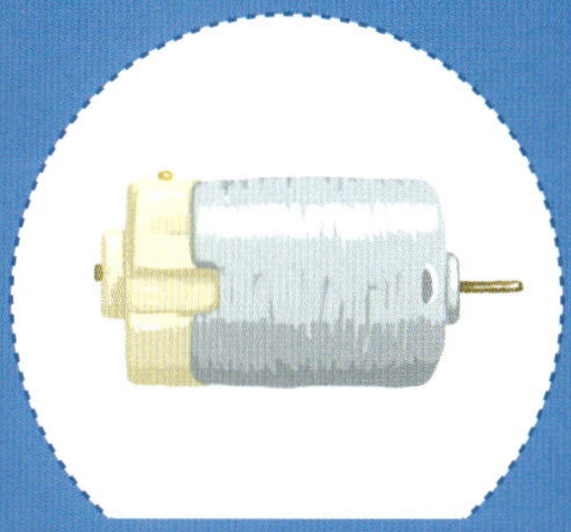

un petit moteur qui sera la génératrice électrique,

des fils et une ampoule.
Pour fabriquer ton éolienne, rassemble toi aussi ce matériel et fais la même chose qu'Etienne.

– Pour commencer, explique Etienne, nous devons réaliser un cercle avec un compas et le découper. Regarde, je vais fabriquer les hélices de l'éolienne, un peu comme les hélices d'un avion.

– Sais-tu que l'on appelle cela des pales ?

Hélène le regarde tout étonnée…

ETIENNE

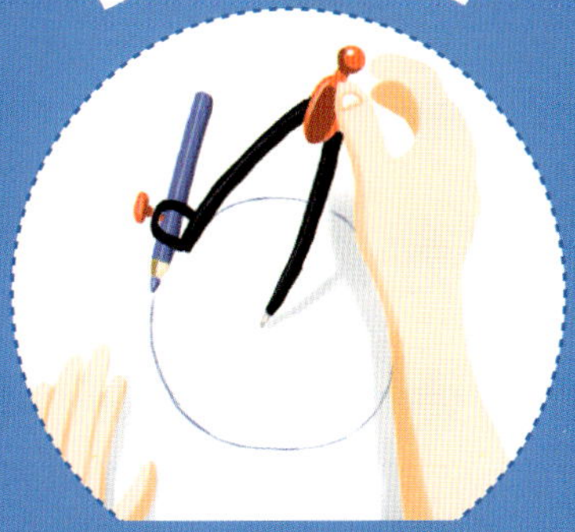

dessine, avec un compas, un cercle de 12 à 15 cm de diamètre.

Il découpe ce cercle

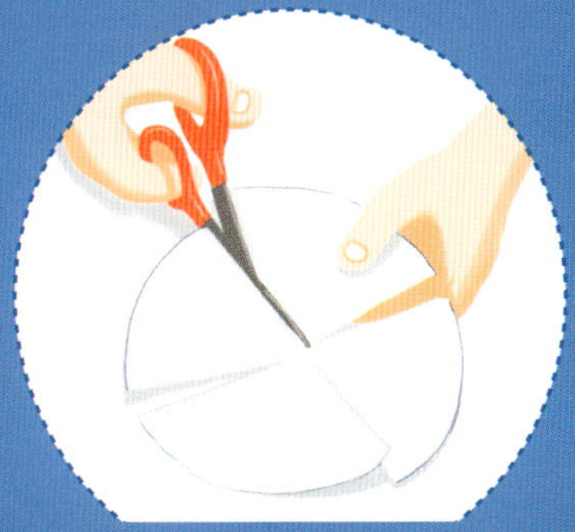

et réalise 4 fentes, un peu plus courtes que le rayon, pour faire les ailes de l'éolienne.

– Nous allons ajouter un moteur ! s'écrie Etienne. Il doit m'en rester un dans ma chambre.

Etienne part en courant et revient avec un tout petit moteur à la main, récupéré dans un vieux jouet.

– Je le fixe sur la tête de l'éolienne. On appelle cela la nacelle.

Hélène regarde son frère s'appliquer pour installer les pales sur le moteur :

– Je me demande ce que tu fabriques, Etienne…

ETIENNE

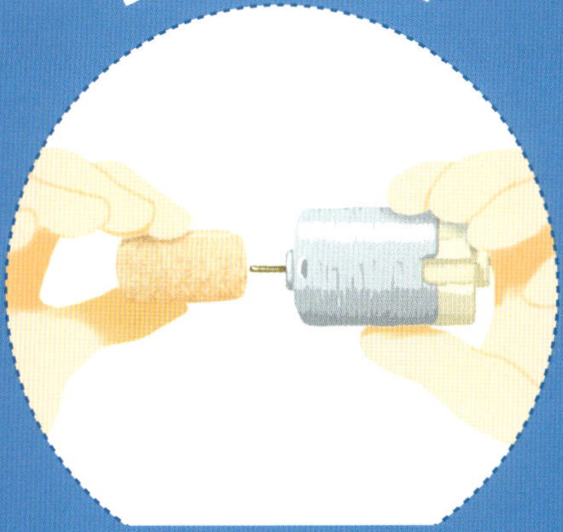

demande à son papa de couper une rondelle de 1 cm de large dans un bouchon de liège. Il pique le centre de cette rondelle avec la pointe d'un compas puis enfonce l'axe de la génératrice.

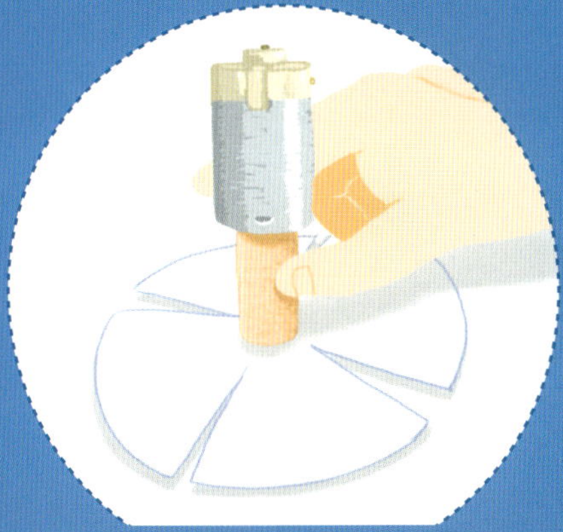

Avec de la colle à bois, Etienne colle ensuite l'hélice sur la rondelle et la génératrice et laisse sécher au moins 30 min.

LE SAIS-TU ?

Les éoliennes peuvent éclairer plusieurs milliers d'habitations. Elles mesurent jusqu'à 150 m de hauteur.

Il en existe différentes sortes. On les appelle aussi des aérogénérateurs. Les Égyptiens utilisaient déjà le principe des moulins à vent, mais c'est en 1802 que Lord Kelvin tente de réaliser les premières éoliennes.

On peut les installer en pleine mer pour gagner de la place. On les appelle alors des éoliennes offshore.

– Oh ! nooon ! s'écrie Etienne. Chaaapristi !

– Oh ! là, là ! se désole Hélène.

Alors qu'Etienne s'appliquait à fabriquer le plus beau des moulins à vent, Chapristi le chat s'enfuit avec le moteur ! Les petits objets et les pelotes sont ses jouets préférés. Mais Etienne le rattrape de justesse.

– Heureusement que les éoliennes des maisons sont très hautes, sinon Chapristi couperait l'électricité à tout le voisinage !

Etienne s'applique à mettre l'éolienne
en hauteur. Ainsi le vent, bien plus fort,
fera tourner les hélices et actionnera le moteur.

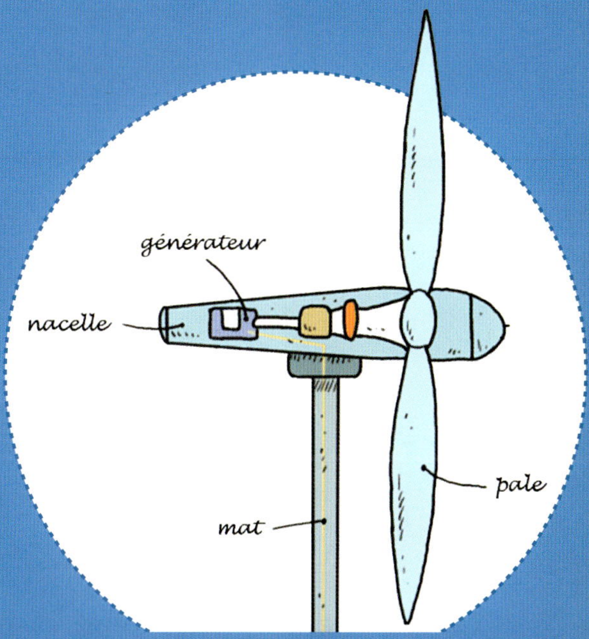

Le vent en soufflant sur les pales va faire tourner l'axe du générateur ou de la génératrice qui va transformer cette énergie de mouvement en énergie électrique. La nacelle contient une génératrice mais aussi une boîte de vitesse et un système électronique pour fabriquer et réguler le courant.

– Relions maintenant les fils du moteur à l'ampoule.

LE SAIS-TU ?

Tu peux trouver des ampoules dans de vieux jouets ou de vieux objets comme des lampes de poche. Demande à tes parents de les démonter et tu pourras toi aussi fabriquer ton éolienne.

L'AMPOULE

Tu peux utiliser une petite ampoule ou une DEL qui a besoin de moins d'énergie pour fonctionner.

– Nous allons installer la petite ampoule dans le toit de la maison, explique Étienne à sa petite sœur. Et voilà, maintenant, nous n'avons plus qu'à attendre ce soir, que le vent se lève. Et nous aurons de l'électricité propre.

– Papa, Maman, mes poupées ont la lumière ! s'exclame Hélène.

– C'est bien, les enfants, répondent les parents des petits bricoleurs. Voyons voir cette installation...

– Félicitations, Etienne, tu es un vrai bricochef ! constate Papa. Mais maintenant, c'est l'heure d'aller se coucher les enfants.

– D'accord, mais tu laisses la fenêtre ouverte, il fait chaud ce soir, reprend Hélène.

Alors que Papa et Maman quittent la chambre en donnant un dernier bisou à Hélène, Etienne lui fait un clin d'œil en emportant le chat avec lui.

– Allez viens, Chapristi, tu es interdit de chambre !

HÉLÈNE

demande à son papa
de laisser la fenêtre ouverte,
car elle attend secrètement
que le vent se lève…

Fatiguée de sa journée, Hélène s'enfonce un peu plus sous ses draps, attendant le spectacle tant promis par son frère. Elle ne cesse de fixer l'éolienne figée et son ampoule toujours éteinte.

Alors que ses paupières se font de plus en plus lourdes, un léger vent se met à souffler à travers les rideaux et, soudain, elle les voit...

Elles tournent, elles tournent, les petites pales de l'éolienne, et l'ampoule de sa maison de poupée se met à briller. Le lendemain, elle jurera avoir vu ses poupées danser... Merci, Etienne, pour cette éolienne !

Attention ! Construire une petite éolienne qui fonctionne n'est pas si simple !
Pour voir une ampoule s'allumer, il faut qu'elle soit de faible alimentation, c'est-à-dire comme celles des lampes de poche.
Ton moteur doit être à courant continu de type JR et avoir une capacité de 9-12 volts.
Ton éolienne devra fonctionner très vite pour que celui-ci se mette en marche. Pour la tester, tu peux utiliser un sèche-cheveux sur les pales.

À toi de bricoler,
et attends que le vent
se lève !

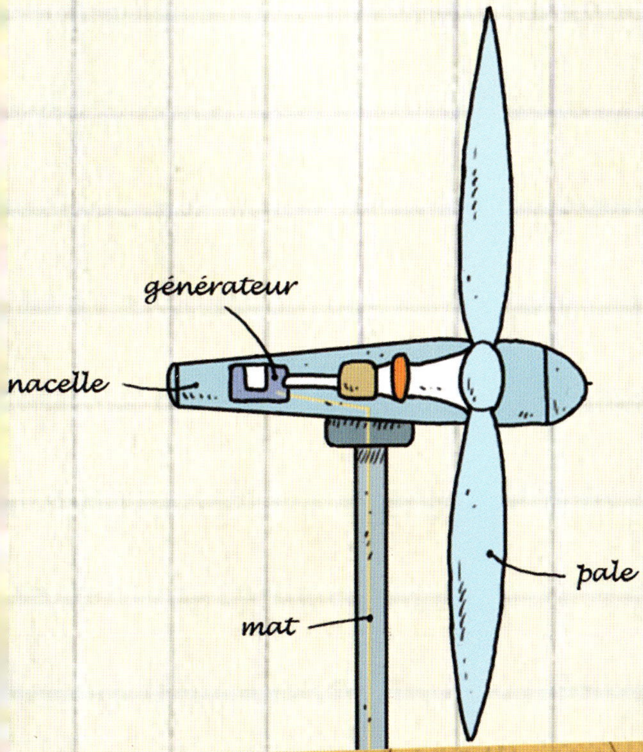

Conception graphique : Groupe Eyrolles
Légendes et relecture technique : Olivier Defurne
Illustration : Sébastien Chebret
Mise en pages : Nord Compo

61, boulevard Saint-Germain
75240 Paris Cedex 05
www.editions.eyrolles.com
ISBN 978-2-212-13697-5

Dépôt légal : Mai 2013
N° d'éditeur : 8998
Achevé d'imprimer en Slovénie